一番わかりやすい
遺言書

監修 東 優（行政書士）

JN024022

記入開始日　　　　年　　　月　　　日

名前

はじめに

　遺言書は一部の財産家だけが準備する特別なもの。そんなふうに思っていませんか？

　実は、遺産分割をめぐるトラブルは年々増加しています。相続財産の額にかかわらず、「遺言書がないこと」が原因でトラブルに発展するケースが多く見られます。遺言書があれば、格段に相続手続きがしやすくなり、残された家族は多くのメリットを得られるのです。

　本書は、終活セミナーの講座内容のなかでもとくにリクエストの多い「遺言書」について解説した本です。豊富な事例をもとに、難しい専門用語をできるだけ使わずに、誰もが有効な遺言書を作成できるように構成しています。付録の「別冊・遺産相続安心ノート」は、財産の状況をまとめておける、いわば遺言用のエンディングノートです。本書を読み進めながら付録のノートに書き込んでいただくことで、遺言書の作成がスムーズに進められます。

　なお、本書は 2019 年から 2020 年にかけて、約 40 年ぶりに改正された「相続法」（民法等の相続に関係する法律）にも対応し、新制度について詳しく解説しています。

　本書が円満な相続に向けての一助となるとともに、皆様の今後の人生が彩り豊かなものになることを願ってやみません。

　遺言書は、生前のうちに、死後の財産の処分方法について自らの意思を記しておく文書です。遺言書が効力を持つためには、法律に沿って正しく作成する必要があり、**条件を満たさない遺言書は、せっかく準備しても「無効」となってしまいます。**

　介護や医療など、生前のケアを含めた人生の終^{しま}いじたくを「終活」とよび、時系列で表すと次のような流れになります。終活の最終段階である**死後の相続をスムーズに行い、残された家族を無用なトラブルから守るために準備するのが遺言書**です。

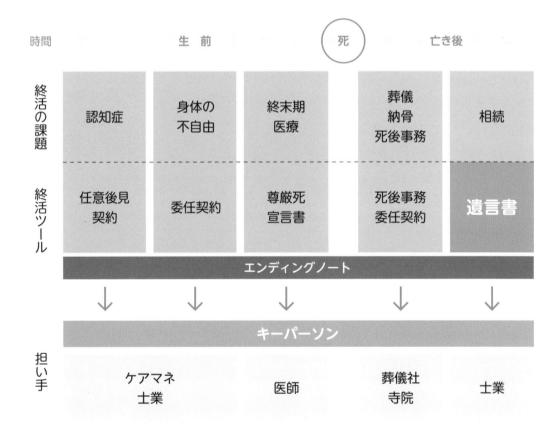

時間	生　前		死	亡き後	
終活の課題	認知症	身体の不自由	終末期医療	葬儀 納骨 死後事務	相続
終活ツール	任意後見契約	委任契約	尊厳死宣言書	死後事務委任契約	遺言書
	エンディングノート				
	↓	↓	↓	↓	↓
	キーパーソン				
担い手	ケアマネ 士業		医師	葬儀社 寺院	士業

　遺言書は、15歳以上であれば作成でき、何度でも作成しなおすことができます。遺言書が複数ある場合は、**日付の新しいものが有効**になります。

　遺言書作成の準備から完成までの流れは次のとおりです。死後に財産を相続される人を**被相続人**、その財産を相続する人を**相続人**とよび、相続人を明らかにすることから遺言書の作成はスタートします。

　本書では、この流れに沿って、相続人の確認や財産状況の確認、遺言書の作成方法などを解説します。なお、遺言書には大きく分けて**自筆証書遺言**と**公正証書遺言**の2種類がありますが、その両方を解説します。

遺言書作成の準備から完成までの流れ

❶ 自分の相続人と相続分、遺留分を確認する（推定相続人調査）

▼

❷ 自分の財産の状況を確認する（保有財産調査）

▼

❸ 具体的な遺言内容をどうするか決める

▼

❹ 遺言書の下書きをする

自筆証書遺言の場合	公正証書遺言の場合
（❺ 遺言内容を専門家にチェックしてもらう）	❺ 遺言書の下書きを持参し公証人と打合せ
▼	▼
❻ 実際に遺言書を作成（清書）する	❻ 証人2人の立会いの下、公正証書を作成
▼	▼
❼ 遺言書を保管する	❼ 遺言の正本と謄本を公証人からもらう

遺言書を準備することによって、相続手続きがスムーズになったり、親族同士の
トラブルを防ぐことができたりと、多くのメリットが得られます。

メリット❶　手続きがスムーズ

　身近な人（ここでは被相続人）が亡くなると、役所への届け出などの**死後事務手
続き**が必要になります。死後事務手続きを終えた後、遺産相続に関する手続きが始
まります。遺言書がある場合とない場合では、手続きの流れに大きな違いがありま
す。遺言書がなければ、相続人や財産を調査したうえで、誰が何を相続するのかを
決める**遺産分割協議**が必要です。相続税の申告は**10か月以内**に行わなければなら
ないため、短期間で複雑な協議をまとめ、名義を変更するなどの必要があります。

　一方、遺言書があれば、遺言書の内容に基づいて遺産分割を行えばよく、よりス
ムーズに各種手続きを行えます。

メリット❷　親族間のトラブルを防げる

　遺産相続は大変デリケートな問題です。「法律で決められた相続割合（法定相続
分）どおりに相続すればいい」との考えで、遺言書を準備しないケースも多く見ら
れます。しかし、遺言書がないことで、預貯金や不動産といった各種の遺産をどの
ように分けるかで意見が対立することも。相続がきっかけで良好だった親族関係が
こじれてしまうこともあります。

　また、被相続人に子どもがいないときは、兄弟姉妹などが相続人になることがあ
ります。相続人が多くなればなるほど、戸籍の収集など必要な段取りや手続きが煩
雑になり、残された人に負担がかかってしまいます。

遺言書がある場合とない場合の遺産相続の流れを比較

被相続人の死亡

▼

死後事務手続き

遺言がある場合	遺言がない場合

遺言検認手続き（自筆証書遺言の場合）　　　相続人の調査・確定

▼　　　　　　　　　　　　　　　　　　　　　　▼

遺言内容による遺産分割（遺言執行手続き）　　相続財産の調査・確定

▼

相続放棄・限定承認（3か月以内 ※必要な場合）

▼

遺産分割協議

成立　　　　　　　不成立

家庭裁判所での調停

成立　　　　　不成立

家庭裁判所での審判

遺産名義変更

▼

相続税申告

※相続税は、遺産の総額から基礎控除を引いた金額に対して課税されます。たとえば法定相続人が1人のときの基礎
　控除額は3,600万円となり、遺産の総額がこの金額を超えると、相続税の申告が必要です（基礎控除額を超えない
　ときは遺産名義変更で手続き終了です）。

メリット❸ 2回目の相続のときも安心

　夫婦のどちらかが先に亡くなると、残された配偶者や子どもたちが自宅や預貯金を相続するのが一般的です。これがいわゆる1回目の相続ですが、相続はこれで終わりではありません。

　残された配偶者が亡くなったあと、**2回目の相続が発生**します。2回目の相続では、残された子どもたちが相続人となります。当事者が子ども同士のため利害が真っ向から対立しやすく、また、親から財産を受ける最後のチャンスでもあり、相続でもめる可能性が高まります。将来を見据えて遺言書を準備しておきましょう。

相続でトラブルになりやすいのは次のような場合です。次のようなケースでは、とくに遺言書の作成がお勧めです。

- □ 子どもがいない
- □ 主な財産が不動産である
- □ 再婚している
- □ 離婚していないが、事実上の離婚状態
- □ 認知症や障がいをもった家族がいる
- □ 事業や農業を営んでいる
- □ 相続人と連絡がとれない
- □ 相続人同士の仲がよくない
- □ 相続人以外の人に財産をあげたい

自宅の相続についての注意点

2020 年に配偶者居住権制度（→ P12）が創設されました。これにより、配偶者が不動産の所有権を取得せず、配偶者居住権を取得することで自宅に住み続けられることが理論上可能になり、その結果、配偶者が預貯金をより多く相続できるようになりました。不動産の所有権に比べ、配偶者居住権のほうが財産額としては低いため、そのぶん配偶者の法定相続分（→ P19）を満たす預貯金の額を増やすことが可能となるのです。

ただし、配偶者居住権が一度設定されると、不動産売却等の処分が事実上不可能になるなどの問題点もあります。そのため、配偶者居住権を設定せず、これまでどおり、配偶者が自宅所有権を相続できるように遺言をするケースも考えられます。

2019年から2020年にかけて、約40年ぶりに「民法」が改正され、また「法務局における遺言書の保管等に関する法律」が創設されました。それにともない、**遺言に関するルールも変更**されています。

法改正によって、遺言書に添付する財産目録をより手軽に作成できるようになったり、遺言書の保管方法の選択肢が増えたりと、遺言書を準備しやすい環境が整えられています。ここでは主な変更点を紹介します。

❶自筆証書遺言の一部がパソコンで作成できるように（2019年1月13日～）

これまで、自筆証書遺言（→ P14）は本人（遺言者）がすべて手書きで書かなければなりませんでしたが、法改正により、**財産目録をパソコンで入力**することが認められました。また、預貯金を財産に指定するときは**通帳のコピー**に署名押印したものも認められるようになりました。とくに財産の種類が多いときに遺言書を作成しやすくなります。

❷自筆証書遺言が法務局で保管できるように（2020年7月10日～）

自筆証書遺言は自宅で保管することが多く、プライバシーが守られる反面、相続人が見つけられなかったり、悪意のある相続人に改ざんされたりと、問題点もありました。こうした点を解消すべく、本人の申請により、自筆証書遺言を全国の法務局で保管する制度が始まります。**プライバシーを守りながら、確実に遺言書を準備**することができます。

遺言書の保管先は、遺言者の住所や本籍がある場所、所有する不動産の所在地などにある法務局となります。法務局のウェブサイト（http://houmukyoku.moj.

go.jp/）で近くの法務局を調べられます。

　保管制度を利用するときは、あらかじめ日時を予約したうえで、**下記の書類を準備**して保管先の法務局に出向きます。申請書は法務局のウェブサイト（http://www.moj.go.jp/MINJI/minji03_00051.html）からダウンロードできるほか、法務局の窓口でも受け取ることができます。

　　　遺言書の保管制度を利用するときに必要な書類
　　　□ 申請書
　　　□ 自筆の遺言書（ホッチキスで止めていないもの、封筒は不要）
　　　□ 本籍地のわかる住民票の写し（作成後 3 か月以内）
　　　□ 本人確認書類（マイナンバーカードや運転免許証、旅券など）
　　　□ 手数料（1 通につき 3,900 円の収入印紙を手数料納付用紙に貼付）

　上記の手続きが終わったら、保管先の法務局の名称と保管番号が書かれた**保管証**が発行されます。遺言書を法務局に預けていることを家族に伝えるとともに、保管証の情報も共有しておくと、残された家族がスムーズに手続きを行うことができます。

　なお、法務局に預けた遺言書を見たり（遺言書の閲覧）、預けた遺言書を返してもらったり（遺言書の保管の申請の撤回）、遺言者の住所などを変更する（変更の届出）ことも可能です。

　遺言書の保管の申請の撤回や変更の届出については手数料がかかりませんが、次の手続きには手数料が決められています。

申請・請求の種別	申請・請求者	手数料
遺言書の保管の申請	遺言者	一件につき 3,900 円
遺言書の閲覧の請求（モニター）	遺言者・関係相続人等	一回につき 1,400 円
遺言書の閲覧の請求（原本）	遺言者・関係相続人等	一回につき 1,700 円
遺言書情報証明書の交付請求	関係相続人等	一通につき 1,400 円
遺言書保管事実証明書の交付請求	関係相続人等	一通につき 800 円
申請書等・撤回書等の閲覧の請求	遺言者・関係相続人等	一の申請に関する申請書等又は一の撤回に関する撤回書等につき 1,700 円

❸不動産相続の配偶者居住権が認められるように（2020 年 4 月 1 日～）

　これまで、配偶者が自宅を相続する場合、その不動産価値によっては他の財産を相続できず、生活費が足りなくなるケースがありました。そこで、**配偶者居住権**が認められ、配偶者が自宅に住み続けながら、預貯金などの財産を以前より多く相続できるようになりました。また、2019 年からは婚姻期間が 20 年以上の配偶者に自宅を遺贈または贈与するときは、遺産分割において配偶者の取り分が増えることも決められています（特別受益の持戻し免除）。

　このほか、相続人全員の同意なしで、一人の相続人が預貯金の一部を引き出せるようになり、葬儀費用の捻出ができるようになるなど、さまざまな改正がなされています。

1

押さえておきたい
遺言書の基礎知識

遺言書や相続について、
最初に確認しておきたいことを
紹介します。

遺言書の種類

　遺言書には、いくつかの種類がありますが、一般的に使われている遺言書は大きく2種類に分けられます。ここでは、2種類の遺言書について、それぞれの特徴や利用するうえでのメリット・デメリットを紹介します。

1. 自筆証書遺言

　すべて自分で記入し、日付を書き、署名・押印して作成するのが**自筆証書遺言**です（印鑑は認印でも問題ありません）。

　紙とペン、封筒があれば作成することができ、費用もそれほどかからない手軽さが利点ですが、専門家のチェックを経るわけではないので、様式不備が見つかったときは遺言書として認められないケースもあります。

　自筆証書遺言については、法改正でより利便性が上がっています。まず2019年の法改正で、財産目録の部分はパソコン入力も可能となっています。また、プライバシーを守ることができる反面、紛失などのリスクがあった自筆証書遺言ですが、法改正により、**作成した遺言書を法務局で保管する制度**が開始されることが決まっています（2020年7月〜）。この制度を利用すると、死後に遺言書を実行する際に必要な**検認**という手続きが不要になり、スムーズに相続手続きが進められます。

　法務局の保管制度を利用せず、従来どおり、自宅などで遺言書を保管する場合は、死後に遺言を実行する際に家庭裁判所で**検認**という手続きをとる必要があります。遺言書があればすぐに相続手続きができるわけではないことに注意が必要です。

　本書の2章では、自筆証書遺言の書き方をサンプルつきで紹介しています。

2. 公正証書遺言

　公証役場で証人の立会いのもと、公証人に作成してもらうのが**公正証書遺言**です。相続関係が複雑なときなどは、専門家を利用したこちらの遺言書を選択することをお勧めします。

　公正証書遺言を作成するときは、実印や相続人の戸籍謄本、財産に関する書類などをあらかじめ用意し、**公証役場**に出向き、公証人と打ち合わせをします。その後、2人の証人の立会いのもと、公証人が3通の遺言書を作成し、原本は公証役場に保管、遺言者は残り2通（正本と謄本）を保管します。

　費用がかかり、準備にも手間がかかる方法ですが、無効となる心配が少なく、確実に作成できる方法です。

　本書の3章では、公正証書遺言について詳しく解説しています。

2種類の遺言書の比較

	自筆証書遺言	公正証書遺言
メリット	○ 手軽に作成できる ○ 費用がかからない ○ 内容を秘密にできる	○ 様式不備の心配が少ない ○ 紛失や盗難、改ざんの心配がない ○ 遺言の実行時に検認手続きが不要
デメリット	× 書く手間がかかる × 様式不備で無効になるおそれも × 紛失や盗難、改ざんのおそれも × 死後、発見されない場合も※ × 遺言の実行時に検認手続きが必要※	× 手数料がかかる × 立会いをお願いする証人が必要 × 公証人との打ち合わせが必要 × 遺言の内容を公証人と証人に知られる

※法務局の保管制度を利用する場合、死後に法務局からの取り寄せが可能
※法務局の保管制度を利用する場合、検認手続きは不要

　なお、秘密証書遺言というものもあります。秘密証書遺言とは、遺言の内容を秘密にした状態で、公証人に遺言の存在だけを保証してもらう遺言です。利用されるケースが少ないため、本書では、自筆証書遺言と公正証書遺言に焦点を当てて解説しています。

遺言書作成の流れ

　ここでは、自筆証書遺言と公正証書遺言の作成の流れを紹介します。どちらの方法を選択する場合でも、事前に相続人を確認したり、財産の状況を把握したりする準備を経ることは共通です。

1. 自筆証書遺言・公正証書遺言に共通の準備

❶法定相続人と遺留分を確認する

　法律で定められた**相続人（法定相続人）**を確認します。配偶者は常に相続人になりますが、子や親、兄弟姉妹などは状況によって変わります。遺言書では法律に定められた相続割合を変更することができますが、法定相続人が最低限主張できる**遺留分**が一定の割合で定められています（→ P20）。

❷財産の状況を把握する

　正しい遺言書作成のためには不可欠です。まずは、**不動産・不動産以外の財産・負債**に分けて、財産一覧にまとめましょう。

❸誰に何をあげるのかを決める（遺言内容の決定）

　相続人のうち、誰にどの財産を相続させたいのかを決定します。その際、仏壇・お墓を守る人の指定や相続人から廃除する人の指定も行います。

❹遺言書の下書きをする

　書き損じがないよう、まずは下書きをしておきます。

　ここからは、遺言書の種類により作成の流れが異なります。

2-A. 自筆証書遺言作成の流れ

❺清書し、押印する

　遺言書を清書し、**日付を記入、署名・押印**します。自宅で保管するときは封印しますが、保管制度を利用するときは、封をせずに申請します。

❻遺言書を保管する

　自宅で保管するときは、**紛失や盗難に注意**する必要があります。金庫や貸金庫に保管するにしても、自分亡き後、解錠に手間取ったりする例もありますので遺言書の保管は意外と難しいと知っておくべきです。一方、保管制度を利用する場合は、所定の書類を添えて、住所地、本籍地、所有する不動産所在地のいずれかを管轄する**法務局（遺言書保管所）**に申請します（→ P10）。

2-B. 公正証書遺言作成の流れ

❺公証人と打ち合わせ

　印鑑登録証明書や相続人との関係がわかる戸籍謄本などを用意し、**公証役場**に出向きます。

❻証人立会いのもと、公証人が遺言書を作成

　2人の証人の立会いのもとで、遺言書が作成されます。未成年者や相続に利害関係がある人は証人になることができないことに注意が必要です。

❼遺言書を保管する

　遺言書は3通作成され、原本は公証役場で保管されます。遺言者は正本と謄本を保管します。

法定相続人とは

　遺言書作成の流れを理解したら、**法定相続人**を確認しましょう。法律で相続できると定められている人のことを法定相続人といい、その優先順位も法律で決まっています。戸籍謄本で確認すると、より確実です。

1. 法定相続人の範囲

　法定相続人の範囲は、次のとおりです。**配偶者は常に相続人**となりますが、内縁関係にあった方や離婚された方は対象となりません。また、実子と養子では相続権に差はありません。

- 配偶者…常に相続人
- 第1順位（子、子が死亡のときは孫）…配偶者とともに相続人になる
- 第2順位（親など直系尊属）…第1順位にあたる人がいないときのみ
- 第3順位（兄弟姉妹、死亡のときは甥・姪）…第1、第2順位の人がいないときのみ

法定相続人の範囲

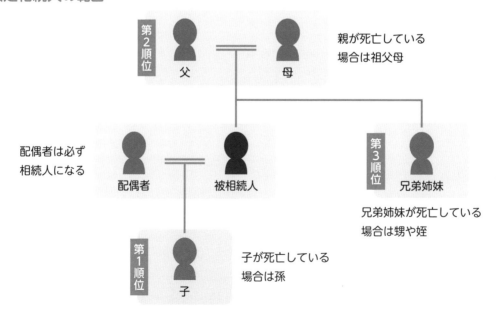

第2順位　父　母　親が死亡している場合は祖父母

配偶者は必ず相続人になる　配偶者　被相続人

第3順位　兄弟姉妹　兄弟姉妹が死亡している場合は甥や姪

第1順位　子　子が死亡している場合は孫

2. 法定相続分

　法定相続人には、それぞれ法律で決められた**相続の割合**があります。遺言書で割合を変更することもできますが、著しい不公平がないように配慮する必要があります。

配偶者と子ども

配偶者 1/2、子 1/2 ※
※子が死亡しているときは孫
※複数いるときは 1/2 を人数で等分

配偶者と親（父母）

配偶者 2/3、親 1/3 ※
※親がいないときは祖父母
※複数いるときは 1/3 を等分

配偶者と兄弟姉妹

配偶者 3/4、兄弟姉妹 1/4 ※
※兄弟姉妹が死亡しているときは甥・姪
※複数いるときは 1/4 を等分

配偶者が死亡

子どもがいれば、子どもが 10 割

独身

子どもがおらず、親がいれば親が 10 割、
子も親（祖父母含む）もいなければ、兄弟姉妹が 10 割

3. 遺留分

　法定相続人ではない第三者に財産を渡したり（**遺贈**といいます）、相続割合を変更したりと、通常とは異なる相続をした場合でも、法定相続人には**最低限の相続の権利**が認められています。これを**遺留分**といいます。ただし、兄弟姉妹には遺留分は認められていません。遺産全体に対する遺留分の割合は、次のとおりです。

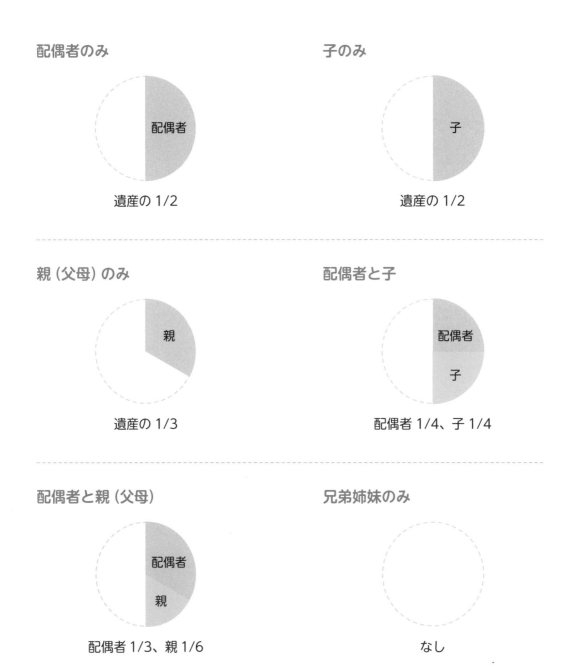

配偶者のみ

配偶者

遺産の 1/2

子のみ

子

遺産の 1/2

親（父母）のみ

親

遺産の 1/3

配偶者と子

配偶者
子

配偶者 1/4、子 1/4

配偶者と親（父母）

配偶者
親

配偶者 1/3、親 1/6

兄弟姉妹のみ

なし

4. 代襲相続

　相続人が子あるいは兄弟姉妹となるはずなのに、すでに死亡している場合などに、その子が代わりに相続人となることを**代襲相続**といいます。相続人が被相続人に対して重大な犯罪行為をするなどして相続権を失った相続欠格者の場合、相続人が**廃除**（下記参照）された場合も代襲相続があてはまります。

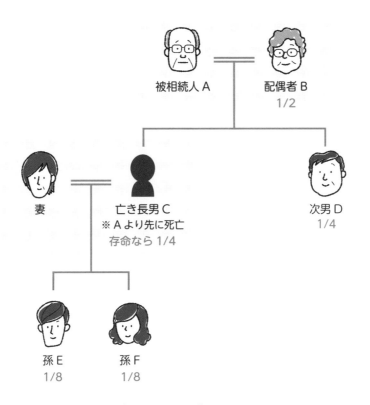

　本来、長男Cが存命であれば取得できた法定相続分1/4を、
　その子であるEとFがCの代わりに頭割りで取得します。

5. 相続人の廃除

　相続人に虐待された、ひどい侮辱を受けたなど、重大な非行があったとき、特定の相続人を**廃除**することができます。生前に家庭裁判所に廃除を申し立てることもできますが、**遺言書に廃除の意思表示を明記**することもできます。遺言書に明記したときは、遺言執行者が家庭裁判所で手続きを行う必要があります。

あなたの法定相続人は誰ですか？

法定相続人を確認します。常に相続人となるのは配偶者、第1順位は子（子が死亡の場合は孫）、第2順位は親（直系尊属）、第3順位は兄弟姉妹（死亡の場合は甥・姪）です。

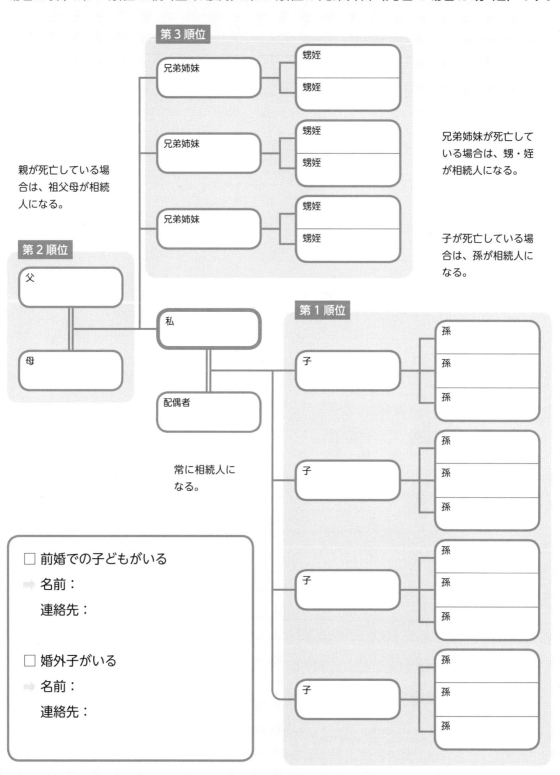

第3順位

兄弟姉妹 ─ 甥姪 / 甥姪

兄弟姉妹 ─ 甥姪 / 甥姪

兄弟姉妹 ─ 甥姪 / 甥姪

兄弟姉妹が死亡している場合は、甥・姪が相続人になる。

子が死亡している場合は、孫が相続人になる。

親が死亡している場合は、祖父母が相続人になる。

第2順位

父

母

私

配偶者

常に相続人になる。

第1順位

子 ─ 孫 / 孫 / 孫

子 ─ 孫 / 孫 / 孫

子 ─ 孫 / 孫 / 孫

子 ─ 孫 / 孫 / 孫

□ 前婚での子どもがいる
➡ 名前：
　連絡先：

□ 婚外子がいる
➡ 名前：
　連絡先：

≫ 被相続人

名　前	フリガナ		生年月日
連絡先など	住所　〒		
	本籍		
財産の総額			

≫ 相続人①

名　前	フリガナ	続柄	生年月日
連絡先など	住所　〒		
	本籍		
法定相続割合		遺留分割合		相続する財産	

≫ 相続人②

名　前	フリガナ	続柄	生年月日
連絡先など	住所　〒		
	本籍		
法定相続割合		遺留分割合		相続する財産	

≫ 相続人③

名　前	フリガナ	続柄	生年月日
連絡先など	住所　〒		
	本籍		
法定相続割合		遺留分割合		相続する財産	

遺言書でできること

　遺言書に盛り込める内容には、次の2種類があります。法的に効力がある**遺言事項**と、法的には効力のない**付言事項**です。それぞれについて、どういった内容を盛り込めるのか見ていきましょう。

1. 遺言事項とは

法的に効力がある遺言事項のうち、特に重要なのが次の4点です。

❶ 財産承継・処分方法を決める遺産分割方法指定と遺贈
❷ 障がい者や認知症の配偶者、ペットの面倒をみてもらうための負担付遺贈
❸ 遺言内容どおりに手続きを実施してもらう人を決める遺言執行者の指定
❹ お墓を守ってもらう人を決める祭祀主宰者の指定

　まず、誰にどの財産を相続させるかを指定します。「遺言者は、妻〇〇に次の財産を相続させる」「遺言者は、次の預貯金を〇〇に遺贈する」といった書き方で、財産の承継・処分の方法について指定することができます。

　遺贈とは、遺言によって、財産を相続人以外の人に渡すことです。**相続と遺贈を混同すると、遺言書が無効**になってしまうおそれもありますので、しっかりと区別しましょう。ちなみに、債務の承継については遺言書に記載しても債権者に対抗できません。

　また、**負担付遺贈**とは、条件をつけたうえで財産を譲ることです。ペットを飼育してもらうことを条件に、飼育に必要な財産を譲るなどのケースが見られます。

　詳しい書き方については、2章で紹介します。

　上記の4点のほか、次のような項目も遺言事項になります。

- 相続させたくない人を廃除する
  （相続人廃除・廃除取消し）
- 婚外子を認知する（遺言による認知）
- 未成年者の面倒をみてもらう人を決める
  （未成年後見人・未成年後見監督人指定）

- 生命保険金の受取人変更
- 一般財団法人の設立
- 信託の設定　　　　　　　など

2. 付言事項とは

　遺言の中で、法的効力を及ぼさないものの、**精神的・道義的に欠かすことのできないメッセージ**を記しておく項目を付言事項といいます。

　付言事項には大きく分けて次の２つがあります。

　❶ 家族等へのメッセージ　　　❷ 葬儀やお墓などの終活ポイント

　家族等への感謝のメッセージや遺言内容の理由などがあると、関係者への理解と納得を得やすくなります。また、葬儀や納骨について自身の希望を明確にすると、葬儀を執り行う家族がまわりから責められるなどの問題を防げます。

　「法的効力がないのなら、付言事項は必要ない」。そう思われる方もいるかもしれませんが、付言事項を記すことは、残された家族の心情に配慮することになり、**無用なトラブルを避ける**ことにもつながります。

付言事項の例
- 今の私、そして家族があるのはあなたのおかげです。ありがとう。
- 子どもたちに余計な心配をかけることなく、平等に相続してもらえるようにこの
  遺言を作成しました。
- 葬儀の段取りについては、○○葬祭株式会社に予約してあるので、そのとおり執
  り行ってください。
- お骨は、遺言者が生まれ育った○○県の沖合いに散骨してください。散骨の手配
  については、契約している○○株式会社の指示に従ってください。

遺言書作成に必要な財産目録

　遺産分割の基準となる財産状況の把握について解説します。正確な財産目録をいきなり作成するのは難しいものです。まずは手元の資料から財産の全体像を把握しましょう。

　次に、下記のように大きく3つに分けて財産リストにまとめ、徐々に形式を整えていきましょう。付録の**遺産相続安心ノート**も活用しましょう。

1. 不動産

　不動産価格の求め方は固定資産税評価額に基づく方法や路線価から計算する方法など、複数のやり方があります。まずは4～6月に自治体から届く**固定資産税の課税明細**を確認しましょう。

形　態	☑土地　□建物　□マンション　□田畑　□その他：		
所在地	〒000-0000 東京都板橋区甲町一丁目2番3		
名義人	甲野A男	持　分	1
用　途	☑自宅　□賃貸　□別荘　□その他：		
評価額	24,800,000		

形　態	□土地　☑建物　□マンション　□田畑　□その他：		
所在地	〒000-0000 東京都板橋区甲町一丁目2番地3（家屋番号2番3）		
名義人	甲野A男	持　分	1
用　途	☑自宅　□賃貸　□別荘　□その他：		
評価額	10,000,000		

2. 不動産以外（預貯金など）

　預貯金などの金融資産についてもまとめておきましょう。財産目録作成の前に、預貯金の通帳、証券会社の取引残高報告書などをもとに、自分の財産状況を把握しましょう。

≫ 預貯金

金融機関名	支店名	口座の種類	口座番号	残　高
わんわん銀行	板橋支店	普通預金	1234567	7,700,000
にゃんにゃん銀行	池袋支店	貯蓄預金	7654321	2,000,000

≫ 有価証券（株式・投資信託・国債・公社債など）

証券会社または金融機関名	支店名	口座番号	担当者名	残　高
りんりん証券	新宿支店	555555	田中渉	500,000

≫ 未上場株式

銘　柄	株式数	評価額
○○テクノロジー	30 株	50,000

≫ 重要な動産類（貴金属・美術品・宝飾品・自動車など）

名称・銘柄	入手金額	評価額
○○記念金貨	100,000	200,000

3. 負債

　相続では負債も引き継ぎますが、財産より負債が多いときは、**相続放棄**を選択することもできます。残された家族が困らないよう、負債についても明らかにしておくことが重要です。

負債の種類	借入先	借入残高
住宅ローン	わんわん銀行	4,800,000
クレジットカードローン	にゃんにゃん銀行カードローン	200,000

 財産目録を作成しましょう

　財産リストで財産状況を把握したら、遺言書作成に必要となる財産目録の記入に進みましょう。下記の記載例を参考に記入し、相続財産の合計を算出したうえで、相続人それぞれの相続額と遺留分を計算しましょう。

≫ 遺言作成のための財産目録 [記載例]

財産内容	摘要	持分	金額
土地	東京都板橋区甲町一丁目2番3	1	24,800,000
建物	東京都板橋区甲町一丁目2番地3（家屋番号2番3）	1	10,000,000
Ⓐ不動産合計			34,800,000
預貯金	わんわん銀行板橋支店　普通預金　1234567		7,700,000
	にゃんにゃん銀行池袋支店　貯蓄預金　7654321		2,000,000
株式	〇×企画　普通株式　1,000株		500,000
Ⓑ不動産以外の財産合計			10,200,000
債務	住宅ローン		4,800,000
	クレジットカードローン		200,000
Ⓒ費用合計			5,000,000
合計（Ⓐ＋Ⓑ－Ⓒ）			40,000,000

区分	氏名	法定相続分	法定相続分に基づく具体的相続額	遺留分割合	具体的遺留分額
推定相続人	甲野B子	1/2	20,000,000	1/4	10,000,000
推定相続人	甲野C男	1/4	10,000,000	1/8	5,000,000
推定相続人	甲野D男	1/4	10,000,000	1/8	5,000,000
合計	―	1	40,000,000	1/2	20,000,000

≫ 遺言作成のための財産目録

記入日　　年　　月　　日

財産内容	摘要	持分	金額
土地			
建物			
Ⓐ不動産合計			
預貯金			
株式			
Ⓑ不動産以外の財産合計			
債務			
Ⓒ費用合計			
合計（Ⓐ＋Ⓑ－Ⓒ）			

区分	氏名	法定相続分	法定相続分に基づく具体的相続額	遺留分割合	具体的遺留分額
推定相続人					
推定相続人					
推定相続人					
推定相続人					
合計	－				

財産目録が完成したら、収入と支出を記した収支表を作成し、5年後、10年後の財産状況を予測、ライフプランを考えることをお勧めします（詳細は付録の「遺産相続安心ノート」を参照）。

遺言書を書くにあたって必要な心得

これまで、遺言書作成に必要な相続人や財産についての情報を紹介してきました。ここでは、遺言書の肝となる**「誰に何をあげるのか」**を決めるにあたっての心得について解説します。

1. 作成の動機（気がかりごと）を確認する

そもそも、なぜ遺言書を書こうと思ったのか振り返ると、残される家族について何かしらの気がかりごと、心配ごとがあるからではないでしょうか。これから作成する遺言書がそれを解決するものになることが重要です。

また、身近に頼れる親族がいない方、身寄りのない方は、財産をどうするかだけでなく、葬儀や納骨といった手続きについても考えておく必要があります。死後事務委任契約（→ P55）を検討しておくと安心です。

2. 家族の生活を守れる内容にする

配偶者や未成年の相続人など、あなたの収入で生活している人がいるときは、その人たちが困らないような遺産の分割方法を選択しましょう。ペットの世話をしてもらいたい人がいるときは**負担付遺贈**を検討します。

3. 維持管理や売却でもめやすい不動産に注意する

分けづらい不動産については**共有**するケースも見られますが、売却などをするにあたって意見が対立し、相続人同士のトラブルに発展するケースがよくあります。なるべく共有しないように注意しましょう。

4. 相続税について確認する

2015年に相続税についての法律が改正され、**相続税がかからない範囲（基礎控除額）**が縮小されたことから、これまで相続税がかからなかったケースでも課税されるようになりました。財産を把握したら、相続税をあらかじめシミュレーションし、**生前贈与**などによって節税できることがないか検討しましょう。

参考：相続税の基礎控除額

3,000万円＋（600万円×法定相続人の数）

なお、1年間で110万円以内の生前贈与は非課税となります。また、孫や子への1,500万円までの教育資金の贈与が非課税になる特例もあるため、必要に応じて利用しましょう。

5. 遺留分に配慮し、公平性を保つ

法定相続分のとおりに相続させるのではなく、特定の人に多めに相続させるなど、相続内容に偏りがあるときは、他の相続人にも**遺留分**にあたる額を確保したり、生前贈与で不公平感をなくしたりと、争いが起きないように配慮しましょう。相続の意図を**付言事項**に記すことでも相続人の理解を得やすくなります。

なお、戸籍の記録については早めに取り寄せ、相続人の把握漏れがないようにしましょう。

⚠ 遺言書を書き始める前のチェックリスト

　1章では、押さえておきたい遺言書の基礎知識について解説しました。最後に、実際に遺言書を書き始めるまでにチェックしておきたい項目をまとめましたので、現状の確認とこれからの準備にお役立てください。

☐ 自筆証書遺言と公正証書遺言の違いについて理解し、どちらを準備するかを決めましたか。

☐ 相続関係図（→ P22）に書き込み、法定相続人とその相続割合について確認しましたか。

☐ 法定相続人が最低限主張できる「遺留分」について確認しましたか。

☐ 遺言書でできることとできないことについて確認しましたか。

☐ 財産目録（→ P28）に書き込み、財産の状況について把握しましたか。

☐ 財産目録のどの部分を誰に相続させたいのか、また、相続させたくない人物はいるのかなど、遺産分割についての具体的な方針を決めましたか。

☐現時点の財産の状況において、相続税がかかるかどうか確認しましたか。

2

ケース別
正しい自筆証書遺言の書き方

自筆証書遺言の書き方を確認しましょう。
家族構成も財産の状況も異なる
４つのケースを基本に、
応用例も紹介します。

夫婦2人のとき

　鈴木学さん・恵さん夫婦は7年前に結婚し、子どもはいません。以前友人から「子どもがいないと、相続が大変になるよ」と言われ、まだ早いとは思っていたものの、万が一に備えて遺言書の準備をすることにしました。

　どちらの両親とも健在で、同居はしておらず、関係は良好です。

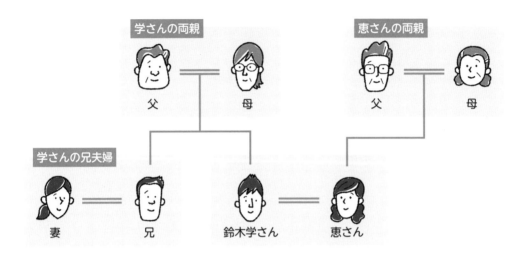

関係を整理

学さんの法定相続人		恵さんの法定相続人	
妻・恵さん	学さんの両親	夫・学さん	恵さんの両親

❗子どもがいるときは配偶者と子どもだが、いないときは配偶者と親に

❗残された配偶者は、義両親と遺産を分け合うことに

もし遺言書がないと…

- 相続人全員で話し合う**遺産分割協議**を行わなければならない

- 両親が遺産をいらないと言っても、法律上、協議は必要

- 手続きには相続人全員の**実印**と**印鑑登録証明書**が必要、ハードルが高い

鈴木さん夫婦の希望

学

僕に万一のことがあったら、恵に全財産を渡したい。僕の両親も、それでいいと言っていたよ。

法律ではお義父さんとお義母さんにも相続の権利があるみたい。

恵

学

遺言書にちゃんと書けば、配偶者だけに相続させることもできると聞いたけど…

遺言書がないと、お義父さんお義母さんと遺産分割協議をしないといけないから、いろいろ面倒をかけてしまうしね。私も、もしものときに備えて遺言書を準備するわ。

恵

鈴木さん夫婦の結論

　鈴木さん夫婦は、遺言書を作成し、学さんに何かあったときは恵さん、恵さんに何かあったときは学さんにすべての財産を相続させることを明記することにしました。

　ただし、両親にも**遺留分**（→ P20）を請求する権利があります。口約束で「遺産はいらない」と言っていても、いざそうなったときに、遺留分を請求される可能性もあることを覚えておきましょう。

遺言書 **❶**

　遺言者　鈴木学は、次のとおり遺言する。

　1.遺言者は、妻鈴木恵（平成元年6月1日生）に次の財産を相続させる。**❷** **❸**
　　・遺言者名義の預貯金
　　　①わんわん銀行　東京支店　普通預金1234567
　　　②にこにこ銀行　東京支店　定期預金5555555

　2.本遺言書に記載なき遺言者の財産のすべてを妻鈴木恵に相続させる。

　3.遺言執行者として、妻鈴木恵を指定する。**❹**

　4.付言事項
　　妻恵には本当に支えてもらいました。恵が安心して生活できるように、
　　遺言書を書きました。父さん母さん、どうか理解してください。

　令和〇年12月3日 **❺**
　東京都板橋区甲町一丁目2番地3
　遺言者　鈴木学（昭和〇年12月20日生）㊞ **❺**

ここをチェック！

❶ 最初に「遺言書」と記載します。

❷ 相続人の生年月日も記入しましょう。

❸ 「相続させる」と明記し、「渡す」「譲る」などの表現は避けましょう。

❹ 遺言を実行する「遺言執行者」を指定したほうがよいでしょう（法律家など第三者を立てることも可能）。

❺ 作成の日付と印鑑がないと、無効です。日付は正確に記入し「吉日」はNGです。印鑑は認印でも構いませんが、実印がベストです。

遺言書

遺言者　鈴木恵は、次のとおり遺言する。

1. 遺言者は、夫鈴木学（昭和〇年 12 月 20 日生）に次の財産を相続させる。
   ・遺言者名義の預貯金
     わんわん銀行　東京支店　普通預金 2345678

2. 本遺言書に記載なき遺言者の財産のすべてを夫鈴木学に相続させる。

3. 遺言執行者として、夫鈴木学を指定する。

4. 付言事項
   学さん、いつもありがとう。感謝しています。

令和〇年 12 月 3 日
東京都板橋区甲町一丁目 2 番地 3
遺言者　鈴木恵（平成元年 6 月 1 日生）㊞

遺言書の基礎知識

正しい自筆証書遺言の書き方

遺言書で困ったときは

応用編 ここもチェック！

● 学さんが亡くなったときに学さんの両親と祖父母がすでに他界していたら、妻の恵さんと、学さんの兄が相続人になります。

● 相続人の他界により、次の相続人がどんどん遠い親戚になってしまうことも。煩雑さを避けるためにも、遺言書の準備がお勧めです。

● 学さんの死後、恵さんが相続したとして、さらに恵さんが亡くなったときは「2 回目の相続」が発生します。2 回目の相続も念頭に置き、状況にあわせて遺言書を書き換えることが必要です。

夫婦に独立前の子どもがいるとき

　原田一郎さん・美穂さん夫婦には、小さな子どもが2人いて、一郎さん名義の持ち家に住んでいます。「もし僕に何かあっても、美穂が全部相続するから、問題ないよ」。そう思っていたのですが、どうやら問題があるようです。

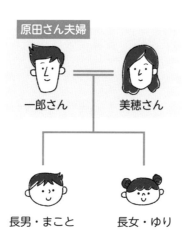

原田さん夫婦

一郎さん　　美穂さん

長男・まこと　　長女・ゆり

関係を整理

一郎さんの法定相続人	美穂さんの法定相続人
妻・美穂さん　子ども2人	夫・一郎さん　子ども2人

❗相続人が配偶者と子どもでも、遺産分割協議は必要

❗相続人が未成年の場合、特別代理人が必要

もし遺言書がないと…

● 残された家族で、**遺産分割協議**をしなくてはならない

● 遺産分割協議にあたって、未成年1人につき1人の**特別代理人**（親以外）を立てる必要があり、裁判所に申し立てなければならない

原田さん夫婦の希望

一郎

うちの子たちは未成年だから、自動的に美穂だけが相続することになると思っていたけれど、そうじゃないみたいだ。

しかも、子どもには特別代理人を立てる必要があるのね。まこととゆり、それぞれに代理人が必要よ。裁判所で手続きしなくてはならないし、なんだか大変そうね。

美穂

一郎

遺言書を作成して、面倒な手続きがないようにしておこう。ただでさえ辛くて大変なときに、家族のみんなに面倒をかけたくないからね。

原田さん夫婦の結論

　原田さん夫婦は、遺言書を作成し、一郎さんに何かあったときは美穂さんに、美穂さんに何かあったときは一郎さんにすべての財産を相続させることにしました。

　また、一郎さんの財産には、預貯金だけでなく、一郎さん名義の不動産があるため、あらかじめ**不動産登記事項証明書**を確認し、正確な財産目録が書けるように準備することにしました。

　遺言書を作成することで、**遺産分割協議や特別代理人の選任が不要**となり、格段に手続きがしやすくなります。

遺言書

遺言者　原田一郎は、次のとおり遺言する。

1．遺言者は、妻原田美穂（昭和○年○月○日生）に別紙1の不動産を相続させる。

2．妻原田美穂に別紙2の預金を相続させる。

3．本遺言書に記載なき遺言者の財産のすべてを妻原田美穂に相続させる。

4．遺言執行者として、妻原田美穂を指定する。

5．付言事項
　家族に恵まれて、お父さんは幸せでした。まこと、ゆりはこれからママを助けてあげてください。みんなの幸せを願っています。

令和○年3月3日
東京都板橋区乙町一丁目2番地3
遺言者　原田一郎（昭和○年1月5日生）㊞

別紙1 ❶
財産目録

（1）土地
所在　板橋区乙町1丁目
地番　2番3
地目　宅地
地積　135.14㎡

❸（2）建物
所在　板橋区乙町1丁目2番地3
家屋番号　2番3
種類　居宅
構造　木造瓦葺2階建
床面積　1階89.81㎡
　　　　2階75.72㎡　❹

原田一郎 ㊞　❷

別紙2

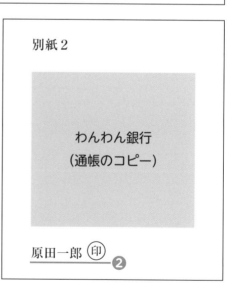

わんわん銀行
（通帳のコピー）

原田一郎 ㊞　❷

❶ 財産の種類が多いときは、別紙として財産目録を用意すると、遺言書の本文がシンプルになり、書き損じなどのミスを防ぐこともできます。

❷ 財産目録はパソコンでの入力や通帳のコピーも可能です。別紙にも署名押印を忘れずに。

❸ 不動産を相続させるときは、土地と建物それぞれで、不動産登記事項証明書の表題部のとおりに正確に記入します。

❹ マンションのときは、最初に一棟の建物の所在や名称を記載し、次に専有部分、さらに敷地権について記載します。

例：遺言者名義のマンションの一室（敷地権登記がある場合）

【一棟の建物の表示】所在、建物の名称

【専有部分の建物の表示】家屋番号、建物の名称、種類、構造、床面積

【敷地権の表示】土地の符号、所在及び地番、地目、地積、敷地権の種類、

敷地権の割合

応用編 ここもチェック！

- もし一郎さんが再婚で、前妻との間に子どもがいるときは、前妻との子にも**相続権**があります。前妻との暮らしで得た財産を前妻との子に相続させる、遺留分にあたる額を相続させるなど、子どもたち全員が納得できるような遺産分割を検討する必要があります。

- 相続人が多くて複雑なときは、あらかじめ遺産をどのように分けるか話し合ったうえで、遺言書を作成することをお勧めします。

遺言書の基礎知識

正しい自筆証書遺言の書き方

遺言書で困ったときは

夫婦に独立した子どもがいるとき

中山太郎さん・花子さん夫婦には子どもが2人います。長男一男は夫婦と同居し、長女さくらは結婚し別の町に住んでいます。最近、太郎さんは持病が悪化気味、花子さんも足腰が弱くなっています。「僕に何かあったら、一男に妻と家のことを任せたい」。太郎さんはそう思っています。

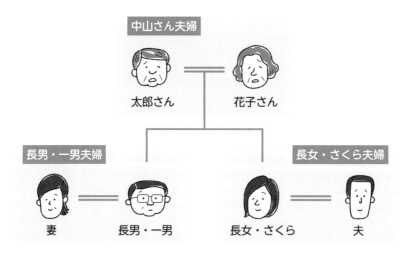

関係を整理

太郎さんの法定相続人		花子さんの法定相続人	
妻・花子さん	子ども2人	夫・太郎さん	子ども2人

❗相続人が配偶者と子どもでも、遺産分割協議は必要

❗結婚して姓が変わった長女にも、相続権はある

もし遺言書がないと…

- 配偶者と長男・長女で**遺産分割協議**をしなくてはならない

- 花子さんと同居している長男に多めに相続させ、家を継いでもらいたいという希望どおりにならないおそれもある

- 不動産を分割することになり、これまでの家に住み続けられないおそれも

中山さん夫婦の希望

太郎

僕に何かあったら、一男に家を継いでもらって、これまでどおり、母さんの面倒も見てほしい。

わかっているよ。家は僕が相続して、母さんには新しく法律で認められた「配偶者居住権」を設定してこれまでどおり安心して生活してもらい、預貯金をさくらが相続したら？

一男

花子

住み慣れたこの家に暮らすことができるとありがたいわ。

兄さんと義姉さんが同居してくれて本当に助かっているわ。
母さんのこれからの生活費のことも考えて、預貯金も分けて相続したらどうかしら。

さくら

一男

それはありがたいよ。

中山さん夫婦の結論

　中山さん夫婦は子どもたちと話し合い、太郎さんに何かあったときは家を継いでもらう長男の一男さんが自宅を相続し、住み慣れた家で暮らしたいという花子さんの希望をくみ、これまでどおり自宅に住み続けられるよう花子さんに**配偶者居住権**を取得させることになりました。預貯金についても花子さん、一男さん、さくらさんに公平に分けることにしました。

遺言書　　　1/2

遺言者　中山太郎は、次のとおり遺言する。

① 1. 次の不動産につき、長男中山一男（昭和○年○月○日生）に相続させ、妻中山花子（昭和○年○月○日生）に配偶者居住権を遺贈する。

①土地
　　所在　東京都板橋区内町一丁目
　　地番　2番3
　　地目　宅地
　　地積　135.14㎡

②建物
　　所在　東京都板橋区内町一丁目
　　　　　2番地3
　　家屋番号　2番3
　　種類　居宅
　　構造　木造瓦葺2階建
　　床面積　1階　89.81㎡
　　　　　　2階　75.72㎡

② 2. 次の預貯金及び株式を含むすべての金融資産は、遺言執行者に換価させ、その換価金を前記中山花子、中山一男、長女中川さくら（昭和○年○月○日生）にそれぞれ三分の一の割合で相続させる。

①遺言書名義の預貯金
　　わんわん銀行　板橋支店
　　普通預金12534567
②遺言者名義の有価証券
　　にこにこ株式会社の株式　1000株

④ 2/2

③その他、前条を除く遺言者に属する一切の財産

③ 3. 祖先の祭祀を主宰する者として、前記中山一男を指定する。

4. 遺言執行者として次の者を指定する。
東京都新宿区○○
行政書士　山田はじめ
昭和○年○月○日生

5. 付言事項
今の私、そして家族の姿があるのは妻花子のおかげです。一男とさくらも立派に成長し、親として誇らしく思います。一男には、中山家を守ってもらえるよう不動産などを相続してもらいたいと思います。花子には、これからも自宅で安心して暮らせるように配慮してあります。さくらには、預貯金の一部を相続してもらいたいと思います。どうか私の遺志をくんでいただけたら幸いです。
なお、葬儀は株式会社○○にてできるだけ簡素に執り行っていただけたら幸いです。

令和○年2月3日
東京都板橋区内町一丁目2番地3
遺言者　中山太郎　㊞
（昭和○年○月○日生）

ここをチェック！

❶ 一男さんに自宅不動産を相続してもらいますが、花子さんには民法で新しく認められた**配偶者居住権**を遺贈することで、これまでどおり自宅で安心して住み続けることができます。遺言により配偶者居住権を取得させる場合は、民法の規定により「遺贈する」と記載する必要があるので要注意。

❷ 預貯金を複数の相続人で分けるときは、残高が流動的なことに注意。**いったんまとめてから割合を指定**すると、複雑な分け方をせずに済みます。

❸ 仏壇やお墓を引き継ぐ人を**祭祀主宰者**に指定できます。

❹ 遺言書が複数枚にわたるときは、ページ数を記載します。

応用編 ここもチェック！

● 太郎さん死亡時に花子さんが不動産を相続し、その後、花子さん死亡時に一男さんが不動産を相続するケースも考えられます。相続のタイミングによって不動産の価値が変わるほか、相続人の数が多いほど相続税がかかりづらくなる（基礎控除額が上がる）などの検討ポイントがあります。

● 「実際に介護をしてくれた長男の妻に遺産を渡したい」というときは、そのように遺言書に記載することもできます。ただし、息子の妻は法定相続人ではないため、「相続させる」ではなく「遺贈する」と書きます。

● 法定相続人以外に遺産を渡すときは、法定相続人との間でトラブルにならないよう、**遺留分**を相続人に渡すなど配慮しましょう。

※法改正により、長男の妻など相続人以外が長年無償で被相続人の介護をしてきたなどの場合、長男の妻が相続人に金銭（特別寄与料）を請求できるようになりました。被相続人よりも先に長男が他界したときも可能です。

子どもも配偶者もいないとき

　片岡信子さんは、数年前に夫と死別していて、子どもはいません。夫から相続したマイホームで愛犬のシロと暮らしています。親類は兄一人ですが、疎遠になっています。「もし自分に何かあったら、シロのことが気がかりだわ。付き合いの長い友人に頼めないかしら」そう考えています。

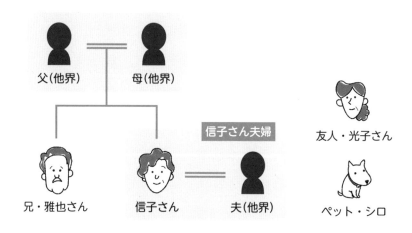

関係を整理

信子さんの法定相続人

兄・雅也さん

❶信子さんは第三者の光子さんに財産を渡したいが、法定相続人は兄

❶兄・雅也さんと光子さんには面識がない状態

❶ペットは相続人にはなれない

もし遺言書がないと…

• 法定相続人である兄・雅也さんが100％相続する

• 法定相続人以外の**第三者**に財産を渡したり、賛同する団体に**寄付**したりといった希望があるときは、遺言書がないと実行できない

信子さんの希望

信子

夫に先立たれて落ち込んでいたときに、何かと気にかけてくれてありがとう。私がいられるのは、あなたとシロのおかげよ。

光子

そんなのお互い様よ。ところで、縁起でもないことを言うようだけど、もしあなたに何かあったら、シロはどうなるの。

信子

じつはそれを心配しているの。兄が一人いるけれど、遠方に住んでいて、世話を頼むのは難しそうだわ。あなたに頼むわけにはいかないかしら。

光子

わかったわ。安心して。

信子

世話をかけてごめんなさい。少なくて申し訳ないけれど、財産の一部を受け取ってもらえるように遺言書に書いておくから、世話代として遠慮なく受け取ってちょうだい。

信子さんの結論

　信子さんは、近所に住んでいる長年の友人・光子さんに、自分の死後、財産の一部を譲るとともに、シロを世話してもらうように頼みました。そして、疎遠であった兄ともこの機会に連絡をとり、そのことを伝えました。

遺言書　　　1/2

遺言者　片岡信子は、次のとおり遺言する。

1.兄矢野雅也（昭和○年○月○日生）に次の不動産を相続させる。
①土地
　　所在　東京都板橋区丁町一丁目
　　地番　2番3
　　地目　宅地
　　地積　135.14㎡

②建物
　　所在　東京都板橋区丁町一丁目
　　　　　　2番地3
　　家屋番号　2番3
　　種類　居宅
　　構造　木造瓦葺2階建
　　床面積　1階　89.81㎡
　　　　　　2階　75.72㎡

❶❷2.遺言者は、次の財産を田中光子（昭和○年○月○日生　住所○市○町○丁目○番地）に遺贈する。ただし、遺言者の愛犬シロが死亡するまで、シロを飼育する義務の負担を付すものとする。
①愛犬シロ（犬種○○、雄）
②遺言書名義の預貯金
　　わんわん銀行　板橋支店
　　普通預金12534567

2/2

③その他、前条を除く遺言者に属する一切の財産

3.祖先の祭祀を主宰する者として、前記矢野雅也を指定する。

❹4.遺言執行者として次の者を指定する。
東京都新宿区○○
行政書士　山田はじめ
昭和○年○月○日生

❸5.付言事項
夫に先立たれた私がこれまで生きてこられたのは、友人・田中光子さんの励ましのおかげです。光子さんにはわずかながら預貯金を相続してもらい、愛犬シロの世話を託したいと思います。不動産は兄・雅也に相続してもらえればと思います。どうか私の遺志をくんでいただけたら幸いです。
なお、葬儀は株式会社○○にてできるだけ簡素に執り行っていただけたら幸いです。

令和○年8月3日
東京都板橋区丁町一丁目2番地3
遺言者　片岡信子　㊞
（昭和○年○月○日生）

❶ 第三者に財産を渡すときは、相続ではなく**遺贈**という言葉を使います。また、ペットの世話などの条件をつけるときは**負担付遺贈**といいます。

❷ 負担付遺贈は放棄することも可能。確実に実行するにはあらかじめ先方の承諾を得ておきましょう。

❸ 第三者に財産を渡すときは、法定相続人の理解が不可欠です。付言事項にその意図をしっかり記載しましょう。

❹ 遺言執行者に相続人を選択することもできますが、専門家に依頼すると安心です。

応用編 ここもチェック！

● 何らかの団体に寄付をしたいときは、次のように記載します。

（本文）
遺言者は、次の遺言者名義の預貯金を「団体名」（住所○○）に遺贈する。

（付言事項）
私には財産を継ぐべき子どもがいないことから、その遺産を○○のためにお役立ていただきたく、「団体名」へ寄付する趣旨からこれをするものです。本来の相続人である××には、本遺言の趣旨を理解していただき、私の遺志をくんで、遺言の内容どおり実行していただくよう切に願います。

遺言書の基礎知識

正しい自筆証書遺言の書き方

遺言書で困ったときは

49

⚠ 自筆証書遺言の正しい書き方

どんなケースでも共通していえるのは、法的に無効にならない「正しい自筆証書遺言」が必要だということです。せっかく準備した遺言書が無効にならないよう、次の点に注意し、確認にも時間をかけましょう。

□ 表題は「遺言書」とする

□ 相続人が特定できるよう、氏名だけでなく続柄、生年月日を記載

□ 相続人が第三者のときは、氏名、生年月日、住所を記載

□ 法定相続人には「相続させる」、それ以外（第三者など）には「遺贈する」と
　区別して記述

□ 不動産は不動産登記事項証明書の表題部どおりに記述

□ 将来財産が増えたときに備えて、遺言書に記載した内容以外の財産の相続に
　ついても記述　例：「その他一切の財産を〇〇に相続させる」

□ 財産の種類が多いときは、財産目録として別紙を用意
　（パソコン入力や預金通帳のコピーも可）

□ 2枚以上になるときは用紙をステープラー（ホッチキス）などで綴じ、ページ数
　（1/3など）を書いて、契印（各文書にまたがるように押印）
　※法務局の保管制度を利用するときはステープラーと契印は不要

3

遺言書で
困ったときは

遺言書について専門家に相談する方法や
死後に必要となる事務手続き、
認知症に備える手続きなどを紹介します。

困ったときの相談窓口

　遺言書の作成で困ったら、自己判断せず、**専門家に相談**することをお勧めします。ここではさまざまな法律分野の専門家と相談窓口について紹介します。相談内容に合わせて、上手に専門機関を利用しましょう。

1. 頼れる法律の専門家

　遺言書をはじめとする終活の総合相談窓口は、主に**行政書士**が担っています。各種手続きについては、さまざまな専門家が専門分野ごとに業務を行っています。

　遺言書についての相談業務や遺言書の作成業務は行政書士のほか、**弁護士や司法書士**も行っています。5 〜 20 万円程度の費用（財産額により異なるケースもあります）がかかりますが、確実に遺言書を作成でき、相続トラブルを防ぐことができます。

専門家	主な対応業務	
行政書士	● 死後事務委任契約手続き ● 任意後見・委任契約手続き ● 任意後見人の受任	● 遺言作成 ● 相続手続き ● 終活支援全般
弁護士	● 法的トラブル対応 ● 法定後見人・後見監督人の受任	● 訴訟・調停・審判等の裁判手続き
司法書士	● 法定後見申立手続き ● 法定後見人・後見監督人の受任	● 不動産登記手続き ● 裁判所への提出書類作成
税理士	● 相続税・贈与税の申告	● 所得税・法人税の申告

2. 情報収集に役立つウェブサイト

　下記のウェブサイトから専門家や相談窓口を知ることができます。また、**自治体の法律相談**などを利用することもできます。

日本行政書士会連合会　https://www.gyosei.or.jp/
最寄りの行政書士会や行政書士を探すことができます。

日本弁護士連合会　https://www.nichibenren.or.jp/
弁護士情報の検索ができるほか、相談費用などについての情報も充実。

弁護士ドットコム　https://www.bengo4.com/
無料法律相談のほか、弁護士の検索などができるサイトです。

日本司法書士会連合会　https://www.shiho-shoshi.or.jp/
全国の司法書士会や司法書士総合相談センター一覧が掲載されています。

日本税理士会連合会　https://www.nichizeiren.or.jp/
全国の税理士と税理士法人を検索できるほか、各種の税に関する無料相談会の案内が掲載されています。

日本公証人連合会　http://www.koshonin.gr.jp/
最寄りの公証役場を検索できます。

裁判所　https://www.courts.go.jp/
最寄りの家庭裁判所を探せます。家庭裁判所では無料の「家事手続案内」を行っています。

法務局　http://houmukyoku.moj.go.jp/
自筆証書遺言の保管制度を実施する最寄りの法務局を探せます。

やっぱり安心 公正証書遺言

　2章では遺言者本人が手軽に作成できる自筆証書遺言の書き方を紹介しましたが、「自分で作成するのは不安」「相続関係が複雑で、トラブルの可能性を減らしたい」といった場合は、**公正証書遺言**がお勧めです。

1. 公正証書遺言のポイント

　遺言内容が決まっている（P16の3あるいは4までが済んでいる）ときは、前ページの日本公証人連合会のサイトからお近くの**公証役場**を探して相談しましょう。遺言内容が決まっていないときは、専門家に相談します。

作成時に必要な書類の例（遺言内容によって変わります）
● 印鑑登録証明書　　　　　　　　　　　● 不動産の登記簿謄本※
● 戸籍謄本（遺言者と相続人の関係がわかるもの）　● 固定資産税評価証明書※ など
※財産に不動産が含まれているときに必要です　＊ほかにも実印や証人2人の印鑑が必要です

　遺言作成手数料のうち、**公証人手数料は相続財産の額によって変わり**、さらに相続財産1億円以下のときは**一律1万千円**が加算されます（専門家への相談料は別）。

相続財産	公証人手数料
100万円まで	5千円
200万円まで	7千円
500万円まで	1万千円

相続財産	公証人手数料
1千万円まで	1万7千円
3千万円まで	2万3千円
5千万円まで	2万9千円

相続財産	公証人手数料
1億円まで	4万3千円

2. 証人の条件

　公正証書遺言の作成時には、遺言者本人が自分の意思で正しく遺言を作成したことを確認するため、**証人2人の立会い**が必要です。知人に依頼する方法のほか、公証役場等から紹介を受けることもできます（6,000円程度の手数料が必要）。

死亡後〜相続前の手続きに備える
死後事務委任契約

　相続の前には葬儀や納骨、各種費用の精算など、多岐にわたる手続きが必要となります。身近に頼れる親族がいないときは、遺言書だけでなく、**死後事務委任契約書**を準備することで、こうした手続きを円滑に行えます。

1. 死後事務委任契約のポイント

　下記を確認し、公証役場で正式な契約書を作成することをお勧めします。

- 死後の事務手続きをお願いできる人を決めておく
- 葬儀や納骨についての希望と料金を明確にする
- 自分の考えや決定事項を関係者と共有する

2. 契約に盛り込む主な内容

　次のような内容について、誰に何をお願いしたいかまとめ、**お願いしたい相手に了解を得た**うえで、契約書の作成に入ります。あらかじめ文案を作成してから公証役場で打ち合わせを行うと、スムーズに作成できます。

葬儀について	● 遺体の引き取り及び搬送並びに仮安置 ● 臨終後に必要となる親族及び関係者への連絡	● 葬儀及び火葬の手配 ● 葬儀費用の精算事務
納骨について	● 遺骨の引き取り及び搬送並びに仮安置 ● 法要及び納骨の手配 ● 納骨費用の精算事務	● 墓地購入 ● 改葬 ● 墓地撤去等の墓地管理事務
各種手続き	● 死亡届及びその他各種届出 ● 病院または施設等の諸費用の支払い事務 ● 家賃・水道光熱費等の停止及び支払い事務	● 年金関係等役所での手続き ● 家具等の遺品処分 ● 賃貸家屋等の返還事務

認知症などに備える
任意後見・委任契約

　認知症になったり、体が不自由になったりすると、自分の財産の管理が難しくなるため、遺言書の作成やその後の相続手続きにも影響します。もしものときに備えて、**財産管理を後見人にお願いする方法**もあります。

1. 任意後見契約

　認知症になると、財産管理が困難になりますが、認知症になった親の預貯金は実の子であっても引き出せなかったり、親名義の不動産を処分できなかったりと、さまざまな問題が発生します。

　そこで認知症になった本人に代わり、預貯金や証券口座、不動産などの管理や銀行印などの保管、日常の契約や税務申告の代理などを後見人が行うのが**任意後見契約**です。

　将来認知症になった場合に備えて、あらかじめ公証役場で任意後見契約書を作成しておきます。認知症との診断が出たら、任意後見監督人が選任され、後見人が監督人の監督のもとで、本人の財産を守ります。家族と任意後見契約を結ぶことで、認知症になったときのリスクを減らせます。

　もし、こうした契約を準備しないで認知症になると、「法定後見」により、後見人が家庭裁判所で選ばれます。後見人は弁護士や司法書士など知らない人が選任される場合があり、選任までに時間と労力がかかったり、適任者が選ばれる保証がなかったりと、さまざまな問題点があります。

2. 委任契約

　病気などで体が不自由になり、財産管理に支障をきたすケースも考えられます。そこで、あらかじめ元気なときに、体が不自由になった場合に備えて財産管理などをお願いする契約を結んでおくのが**委任契約**です。

　体が不自由になると、委任による財産管理が開始され、本人に代わり、預貯金や証券口座、不動産などの管理や銀行印などの保管、日常の契約や税務申告などを代理人が行います。

　先ほどの任意後見契約は認知症になってからしか活用できないため、**任意後見契約と委任契約をあわせて結んでおく**と安心です。

任意後見契約の流れ

本人

❶任意後見契約締結

❷見守り

❹財産管理

後見人

❸監督人選任
（本人認知症診断後）

監督人

任意後見契約と委任契約を併用したときの流れ

本人

❶任意後見・委任契約締結

❷委任による財産管理

❹任意後見による財産管理

後見人（代理人）

❸監督人選任
（本人認知症診断後）

監督人

✏️ 遺言下書きメモ

遺言書の下書きにお使いください。自筆証書遺言はもちろんのこと、公正証書遺言を作成する場合も、下書きがあるとスムーズに進められます。

遺言書

日付　住所　署名

印

遺言書

日付　住所　署名

印

用語集

遺産分割協議 (いさんぶんかつきょうぎ)
複数の相続人全員で話し合い、遺産の分け方について決めること。合意後に遺産分割協議書を作成する必要がある。

遺贈 (いぞう)
遺言によって、法定相続人ではない第三者に財産を与えること。法定相続人に財産を与える「相続」との対比で使われる。

遺留分 (いりゅうぶん)
法定相続人が主張できる、最低限の相続割合。遺留分を侵害されたときは、遺留分侵害額の請求（旧：遺留分減殺請求）により、支払いを求めることができる。

寄与分 (きよぶん)
被相続人の財産の維持や増加について特別貢献した相続人には、法定相続分に加え、寄与分を加味して相続が行われる。たとえば被相続人の介護などがこれにあたる。

契印 (けいいん・ちぎりいん)
書類が複数枚にわたるときに、書類のつながりが正しいことを示すために押す印鑑。書類のつづり目などにまたがって押印する。

検認 (けんにん)
自筆証書遺言書が見つかったときに家庭裁判所で確認すること。遺言書の開封を行う。
※法務局の保管制度を利用するときは不要

公証役場 (こうしょうやくば)
法務省が管轄する役所で、全国に約300か所存在する。公証人が公正証書遺言の作成などを行う。

公正証書遺言 (こうせいしょうしょいごん)
公証役場で公証人に作成してもらう遺言書。
⇔自筆証書遺言

婚外子 (こんがいし)
婚姻関係にない男女の間に生まれた子ども。遺言書に婚外子の認知について記載でき、認知を受けると相続権を得ることができる。

祭祀主宰者 (さいししゅさいしゃ)
葬儀や法事などを主宰する人のこと。遺言書で祭祀主宰者を指定することができ、指定された人は仏壇やお墓などを受け継ぐ。

死後事務委任契約 (しごじむにんけいやく)
葬儀や納骨など、死後に必要となる手続きについて第三者に行ってもらえるよう契約すること。近くに親族がいない場合に重要。

自筆証書遺言 (じひつしょうしょいごん)
遺言者本人が自筆で作成する遺言書。
⇔公正証書遺言

受遺者 (じゅいしゃ)
遺贈を受ける人を受遺者という。

相続人 (そうぞくにん)
相続の権利を持っている人のこと。法定相続人ともいう。配偶者は常に相続人となる。

相続放棄 (そうぞくほうき)
相続の権利を放棄すること。プラスの財産よりマイナスの財産（負債）が多いときなどに行われる。被相続人の死（相続の開始）を知ったときから3か月以内に手続きをする必要がある。

代襲相続 (だいしゅうそうぞく)

相続人がすでに死亡している場合などに、その子が代わりに相続人となること。相続人が廃除された場合も代襲相続は行われるが、相続放棄の場合は行われない。

直系尊属 (ちょっけいそんぞく)

本人の実父母、実祖父母、実曽祖父母のこと。ちなみに本人の子や孫は直系卑属という。

特別代理人 (とくべつだいりにん)

本来の代理人が何らかの理由で代理行為を行えないとき、家庭裁判所に特別に選任してもらう代理人。相続人に未成年がいるときは、親族の間で利益相反関係が発生するおそれがあり、特別代理人が選任される。

任意後見契約 (にんいこうけんけいやく)

将来認知症になったときに備えて、預貯金の管理など財産管理を後見人に行ってもらうように契約する制度。公証役場で契約書を作成。

廃除 (はいじょ)

特定の相続人の相続権を失わせること。生前に家庭裁判所へ申し立てる方法のほか、遺言により行うことが可能。

封印 (ふういん)

開閉を禁じるため、封じ目に押印すること、またその印。自筆証書遺言を自宅で保管する場合は、「遺言書在中」と書いた封筒に署名し、封印する。
※法務局で保管する場合は、封印は行わずに法務局に持参する。

付言事項 (ふげんじこう)

遺言書の最後に記載する、法的拘束力のない言葉。家族へのメッセージや遺産分割の理由など、遺言者が今後のために伝えたいことを書き記すことができる。

法務局 (ほうむきょく)

法務省の地方組織の一つで登記や戸籍など幅広い業務を行う。2020年7月より、自筆証書遺言を法務局で保管できる制度が開始。

遺言者 (ゆいごんしゃ・いごんしゃ)

遺言書を作成する本人のこと。自筆証書遺言は、遺言者本人が自分で書かなければならない。

遺言執行者 (ゆいごんしっこうしゃ・いごんしっこうしゃ)

被相続人の死後、遺言書の内容を実行してくれる人。遺言書で指定でき、親族を選ぶこともできるが、トラブルを避けるために中立的な第三者を指定するのが望ましい。

割印 (わりいん)

同じ書類が複数あるときに、それぞれが正しいことを示すために押す印鑑。契約書の原本と写しなどの両方にまたがって押印する。

＊「ゆいごん」と「いごん」

「遺言」は法律用語としては「いごん」と呼ぶのが正しいですが、一般的には「ゆいごん」と呼ばれています。専門機関等でもわかりやすさを優先して、説明の際に「ゆいごん」と呼ぶケースもあります。

監修：東 優（ひがし まさる）

行政書士法人優総合事務所　代表社員・行政書士。優オフィスグループ　代表。
1976年愛知県生まれ。社会福祉協議会勤務を経て、2005年行政書士東優事務所を開設。2013年より行政書士法人となり、東京、名古屋に事務所を展開。得意分野は相続手続、遺言作成、後見関係業務で、開業から約15年で同分野の案件実績は延べ3,000件以上。各種セミナーや講演会の講師としても活躍。著書は『エンディングノートでもしもに備える 終活のススメ』（リベラル社）、『いざというとき困らない遺産相続』（西東社）など。
http://www.yuhoffice.jp

遺言書書き方講座のご案内
遺言書を書き進めるためのポイントを、本書監修者、東優自ら動画で解説。
http://www.yuhoffice.jp/15819274295925 （優総合事務所 遺言書・書き方講座のご案内）

イラスト	BIKKE
装丁デザイン	宮下ヨシヲ（サイフォン グラフィカ）
本文デザイン・DTP	渡辺靖子（リベラル社）
編集	堀友香（リベラル社）
編集人	伊藤光恵（リベラル社）
営業	竹本健志（リベラル社）
制作・営業コーディネーター	仲野進（リベラル社）

編集部　山田吉之・安田卓馬
営業部　津村卓・津田滋春・廣田修・青木ちはる・澤順二・大野勝司

一番わかりやすい 遺言書

2020年6月27日　初版
2022年2月17日　再版

編　集	リベラル社
発行者	隅田直樹
発行所	株式会社 リベラル社
	〒460-0008　名古屋市中区栄3-7-9　新鏡栄ビル8F
	TEL 052-261-9101　FAX 052-261-9134　http://liberalsya.com
発　売	株式会社 星雲社（共同出版社・流通責任出版社）
	〒112-0005　東京都文京区水道1-3-30
	TEL 03-3868-3275

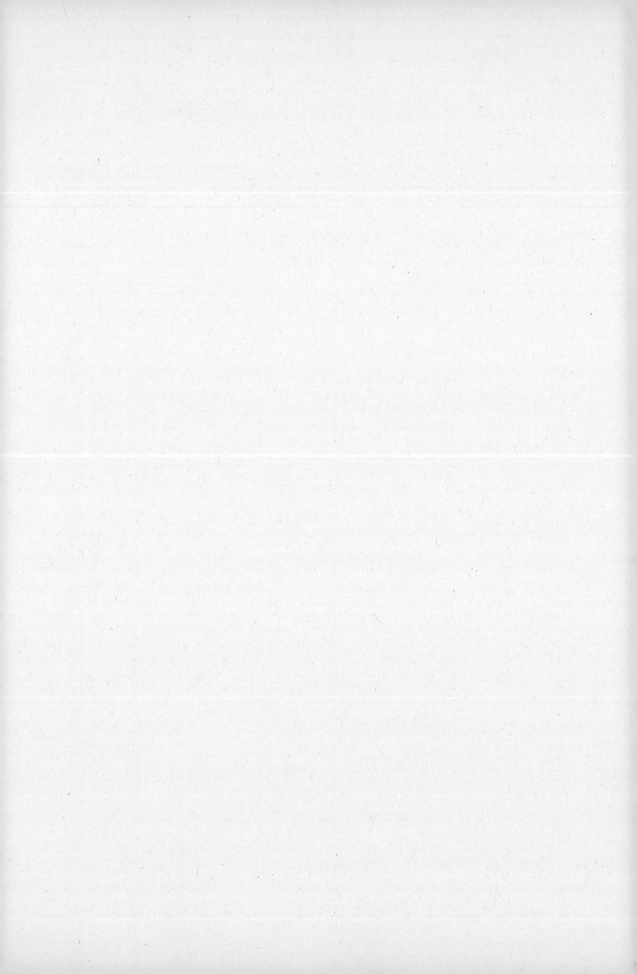

遺産相続
安心ノート

記入開始日：　　　　　　年　　月　　日

名前：

更新の記録

財産の状況などに変更が生じたときは、記録しましょう。

日付			ページ	更新した箇所
年	月	日	P	
年	月	日	P	
年	月	日	P	
年	月	日	P	
年	月	日	P	
年	月	日	P	
年	月	日	P	
年	月	日	P	
年	月	日	P	
年	月	日	P	
年	月	日	P	
年	月	日	P	
年	月	日	P	
年	月	日	P	
年	月	日	P	
年	月	日	P	
年	月	日	P	
年	月	日	P	
年	月	日	P	
年	月	日	P	
年	月	日	P	
年	月	日	P	

もくじ

ノートの使い方

● 遺言書を作成するにあたって必要になる「財産状況の把握」に
利用できるノートです。

● 本編の解説ページを読み進めながら、ご自身の状況をノートに
書き込むことで、遺言書の作成がスムーズに進められます。

● 預貯金や不動産、負債などの項目別に財産の状況を記録できます。

● すべてを一度に埋める必要はありません。
わかるところから、順次、記入しましょう。

● ノートに記録する際は、記入日も忘れずに書き込んでおきましょう。

私の相続人について ▶本編 P18 記入日　　年　　月　　日

法定相続人を確認します。常に相続人となるのは配偶者、第1順位は子（子が死亡の場合は孫）、第2順位は親（直系尊属）、第3順位は兄弟姉妹（死亡の場合は甥・姪）です。

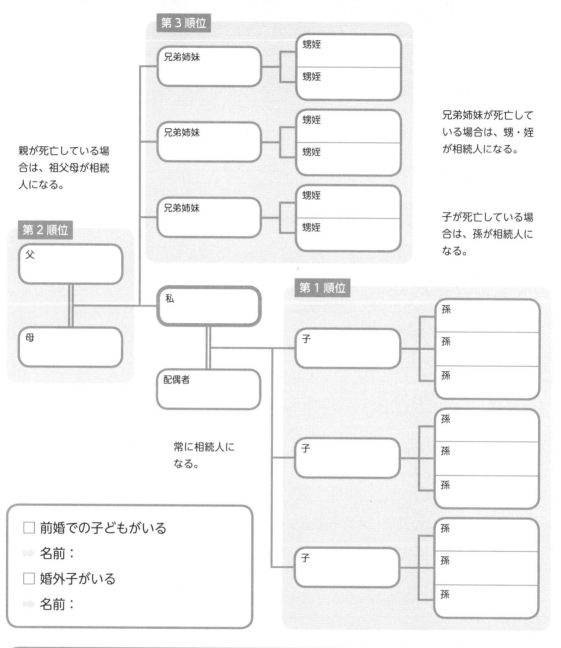

第3順位

兄弟姉妹 — 甥姪 / 甥姪

兄弟姉妹 — 甥姪 / 甥姪

兄弟姉妹 — 甥姪 / 甥姪

兄弟姉妹が死亡している場合は、甥・姪が相続人になる。

子が死亡している場合は、孫が相続人になる。

親が死亡している場合は、祖父母が相続人になる。

第2順位

父

母

私

配偶者

常に相続人になる。

第1順位

子 — 孫 / 孫 / 孫

子 — 孫 / 孫 / 孫

子 — 孫 / 孫 / 孫

□ 前婚での子どもがいる
⇨ 名前：
□ 婚外子がいる
⇨ 名前：

名前	続柄	法定相続分	遺留分	相続する財産

≫ 被相続人

名　前	フリガナ		生年月日
連絡先 など	住所　〒		
	本籍		
財産の総額			

≫ 相続人①

名　前	フリガナ	続柄	生年月日
連絡先 など	住所　〒		
	本籍		
法定相続割合		遺留分 割合	相続する 財産

≫ 相続人②

名　前	フリガナ	続柄	生年月日
連絡先 など	住所　〒		
	本籍		
法定相続割合		遺留分 割合	相続する 財産

≫ 相続人③

名　前	フリガナ	続柄	生年月日
連絡先 など	住所　〒		
	本籍		
法定相続割合		遺留分 割合	相続する 財産

私の財産について ▶本編 P26　　記入日　　年　　月　　日

相続のことをふまえて、所有する財産のすべてを記入します。4〜6月に自治体から届く課税明細は、所有不動産の全体を把握するのに役立ちます。必ず保管しておきましょう。

≫ 不動産

形　態	□ 土地　□ 建物　□ マンション　□ 田畑　□ その他：		
所在地	〒		
名義人		持　分	
用　途	□ 自宅　□ 賃貸　□ 別荘　□ その他：		
評価額			

形　態	□ 土地　□ 建物　□ マンション　□ 田畑　□ その他：		
所在地	〒		
名義人		持　分	
用　途	□ 自宅　□ 賃貸　□ 別荘　□ その他：		
評価額			

形　態	□ 土地　□ 建物　□ マンション　□ 田畑　□ その他：		
所在地	〒		
名義人		持　分	
用　途	□ 自宅　□ 賃貸　□ 別荘　□ その他：		
評価額			

≫ 預貯金

金融機関名	支店名	口座の種類	口座番号	残　高

≫ 有価証券（株式・投資信託・国債・公社債など）

証券会社または 金融機関名	支店名	口座番号	担当者名	残　高

≫ 未上場株式

銘　柄	株式数	評価額

≫ 重要な動産類 (貴金属・美術品・宝飾品・自動車など)

名称・銘柄	入手金額	評価額

≫ 貸付金

借主の名前		連絡先	
金　額		貸付日	年　　　月　　　日
返済期限		貸付残高	

借主の名前		連絡先	
金　額		貸付日	年　　　月　　　日
返済期限		貸付残高	

私の保険について ▶本編 P26　　記入日　　年　　月　　日

加入している保険について記入しましょう。死亡保険金は受取人固有の財産となり、遺産分割の対象とはならないので要注意。生命保険とそれ以外の保険とを区別して整理しておきましょう。なお、死亡保険金は「みなし相続財産」として相続税の課税対象となります。

≫ 生命保険

保険の種類	□ 定期保険　□ 養老保険　□ 終身保険　□ その他：
保険会社名	
証券番号	
保険料 （うち支払済保険料）	
被保険者	
死亡保険金額	
死亡保険金受取人	

保険の種類	□ 定期保険　□ 養老保険　□ 終身保険　□ その他：
保険会社名	
証券番号	
保険料 （うち支払済保険料）	
被保険者	
死亡保険金額	
死亡保険金受取人	

保険の種類	□ 定期保険　□ 養老保険　□ 終身保険　□ その他：
保険会社名	
証券番号	
保険料 （うち支払済保険料）	
被保険者	
死亡保険金額	
死亡保険金受取人	

≫ その他の保険

保険の種類	☐ 火災保険　☐ 自動車保険　☐ その他：
保険会社名	
証券番号	
保険期間	
保険料	
保険金受取人	
補償内容など	

保険の種類	☐ 火災保険　☐ 自動車保険　☐ その他：
保険会社名	
証券番号	
保険期間	
保険料	
保険金受取人	
補償内容など	

保険の種類	☐ 火災保険　☐ 自動車保険　☐ その他：
保険会社名	
証券番号	
保険期間	
保険料	
保険金受取人	
補償内容など	

私の負債について ▶本編 P26　　　記入日　　年　　月　　日

相続では負債も引き継ぎますが、財産より負債が多いときは、相続放棄の選択肢もあります。
住宅ローンが残っているときは、団体信用生命保険の加入の有無も重要なポイントです。

≫ 借入金の状況について

□ 現在、借金は一切ない　　　□ ある

≫ 借入金・ローンについて

種　類	□ 住宅ローン　　□ 自動車ローン　　□ 教育ローン □ カードローン　□ 知人からの借金　□ その他：		
借入先		連絡先	
借入金額		借入日	年　　月　　日
返済方法		完済予定日	年　　月　　日
担保の有無	□ あり　➡　内容： □ なし		
借入残高	円（　　年　　月　　日　現在）		
備　考			

≫ 保証債務

保証した相手 （主債務者）		連絡先	
お金を貸した人 （債権者）		連絡先	
保証日	年　　月　　日	保証金額	
保証した 理由など			

私の財産目録 ▶本編 P28

記入日　　年　　月　　日

財産状況を把握したら、財産目録にまとめましょう。財産の合計額がわかったら、法定相続分や遺留分に注意しながら、どの部分を誰に相続させるのかを検討します。

≫ 遺言作成のための財産目録

財産内容	摘要	持分	金額
土地			
建物			
❹不動産合計			
預貯金			
株式			
❺不動産以外の財産合計			
債務			
❻費用合計			
合計（❹＋❺－❻）			

区分	氏名	法定相続分	法定相続分に基づく具体的相続額	遺留分割合	具体的遺留分額
推定相続人					
推定相続人					
推定相続人					
推定相続人					
合計	—				

私の収入・支出について ▶本編 P29　　記入日　　年　　月　　日

財産状況は日々変化しています。1か月の収入と支出をざっくり見直して簡単な収支表を作成し、今後のライフプランの作成に役立てましょう。

≫1か月の収入

公的年金	円
私的年金	円
給与収入	円
賃料収入	円
配当金収入	円
その他の収入	円
	円
	円
	円
	円
	円
	円
	円
	円
月額収入合計	円

≫1か月の支出

食費	円
家賃・施設利用料	円
医療費	円
介護費	円
税金	円
公共料金	円
各種保険料	円
ローン返済	円
その他の支出	円
	円
	円
	円
	円
月額支出合計	円

13

私の収支表 ▶本編 P29

▶本編 P29

記入日　　年　　月　　日

収入と支出をもとに、1か月の収支並びに1年の収支を予測、あなたの5年後、10年後の姿を予想してみましょう。将来を見据えることで、より妥当な遺言書の作成に繋がります。

≫ 収入について

各種収入	月　額	備　考
年　金		
給　与		
賃料収入		
配当金収入		
その他の収入		
収入合計（月額）		円…❶

≫ 支出について

各種支出	月　額	備　考
食費		
家賃・施設利用料		
医療費		
介護サービス費		
税金		
公共料金		
各種保険料		
ローン返済		
その他の費用		
支出合計（月額）		円…❷

収入❶ー支出❷＝月額（＋・ー）	円…❸
年額（❸の12倍）＝（＋・ー）	円

遺言書の作成状況 ▶本編 P16　　記入日　　年　　月　　日

遺言書を作成したら、家族に伝えておきましょう。自筆証書遺言の保管制度を利用するときは、保管先の法務局についても記しましょう。

≫ 遺言書について

種　類	□ 自筆証書遺言　　□ 公正証書遺言　　□ 秘密証書遺言
作成日	年　　　　月　　　　日
保管場所	□自宅　　□法務局（所在地：　　　　　　　保管番号：　　　　　） □公証役場（所在地：　　　　　　　　　　　　　　　　　　　　） □その他（　　　　　　　　　　　　　　　　　　　　　　　　　）
遺言執行者	名前 職業 住所　〒 連絡先
その他	

≫ 依頼・相談している専門家

事務所名			
担当者名		職　業	
住　所	〒		
連絡先			
依頼内容			

15